NOTICE

SUR

M. L'ABBÉ J. LELAIR

Chanoine honoraire, Aumônier du Carmel

DU MANS

Par M. l'abbé F. PICHON

Chanoine, Secrétaire de l'Évêché.

LE MANS

IMPRIMERIE LEGUICHEUX ET Cie

15, Rue Marchande, et rue Bourgeoise, 16

—

1889

NOTICE

M. L'ABBÉ J. LELAIR

Chanoine honoraire, Aumônier du Carmel

DU MANS

Par M. l'abbé F. PICHON

Chanoine, Secrétaire de l'Évêché.

LE MANS

IMPRIMERIE LEGUICHEUX ET Cie

15, Rue Marchande, et rue Bourgeoise, 16

—

1889

M. L'ABBÉ J. LELAIR

CHANOINE HONORAIRE, AUMÔNIER DU CARMEL

DU MANS

La haute position de M. l'abbé LELAIR dans le diocèse du Mans, comme curé-archiprêtre de Mamers, vicaire général de Mᵍʳ d'Outremont, membre du conseil épiscopal de Mᵍʳ Labouré, ses vertus, les services éminents qu'il a rendus, font un devoir de conserver son souvenir. Nous pensons donc que toutes les personnes qui l'ont connu nous sauront gré d'avoir retracé dans ces quelques pages la vie de ce prêtre vénérable (1).

I

M. Joseph LELAIR naquit à Laval, paroisse de Saint-Vénérand, le 21 août 1814, il était fils d'Augustin-Julien Lelair, tisserand, et de Madeleine Galon.

Bien que déchu de son ancienne prospérité, le commerce de toiles était encore très important à Laval ; et, la profession de tisserand offrait une position honorable qui permettait à un simple ouvrier de pourvoir facilement aux besoins de sa famille. Ce qui était préférable, c'est qu'à cette époque les ouvriers de Laval étaient généralement de très-bons chrétiens, qui étaient restés aussi fidèles aux pratiques religieuses qu'au respect de l'autorité légitime.

(1) Cette notice a paru dans la *Semaine du Fidèle* des 30 novembre, 7 et 14 décembre 1889.

II

M. Leluir fit ses études au collège de Laval. Au moment où il les commençait, M. l'abbé Cherreau (1) venait de remplacer comme principal M. l'abbé Triquerie. Il avait pour collaborateurs plusieurs ecclésiastiques : MM. Coulon, Delahaye, Tison, Lecompte, et plusieurs laïques qui offraient toute garantie aux familles les plus religieuses. On ne doit donc pas s'étonner de voir, parmi les élèves qui suivaient les cours du collège de Laval, un assez grand nombre d'étudiants ecclésiastiques (2). Les externes surtout, qui trouvaient dans leurs familles l'exemple des vertus religieuses, et qui le plus souvent prêtaient leur concours, les dimanches et jours de fêtes, pour la célébration des offices religieux dans leurs paroisses, pouvaient y conserver leur vocation ecclésiastique presqu'aussi facilement que dans un petit séminaire. M. Changeon, curé de Saint-Vénérand de Laval, et M. l'abbé Faisant-Lamotte, son vicaire, puis son successeur, portaient le plus grand intérêt à ces élèves de leur paroisse, en faveur desquels ils fondèrent plusieurs bourses ecclésiastiques.

(1) M. l'abbé Cherreau Joseph, né à Saint-Marceau en 1791, nommé principal du collège de Laval en 1825, avait été vicaire à Mamers, puis à La Flèche, et chapelain du collège militaire de cette ville. Il fit sa démission après la révolution de 1830, pour ne pas prêter serment de fidélité au nouveau gouvernement. Il mourut en 1833. M. l'abbé Favrole est mort chanoine de la cathédrale de Laval. M. Coulon, archiprêtre de La Flèche, M. Tison, archiprêtre de N.-D de Mayenne, et M. Delahaye mort chanoine de la cathédrale du Mans, sont bien connus de nos lecteurs.

M. Pierre-Jacques Triquerie, ancien doctrinaire, professeur au collège de Bourges avant la Révolution, s'était retiré à Laval, où il devint vicaire à Saint-Vénérand. Il fut nommé principal du collège de Laval en 1816, et en 1824 Mgr de la Myre le nomma chanoine honoraire de la Cathédrale du Mans. I est mort à Laval en 1848, âgé de 89 ans.

(2) L'administration diocésaine accordait des secours à quelques-uns de ces élèves. Nous voyons par une lettre de M. l'abbé Cherreau, du 6 décembre 1829, qu'en cette année les secours s'élevèrent à 2 425 francs.

M. Lelair eut pour condisciple à Laval, Mgr Meignan, aujourd'hui archevêque de Tours, dont la famille habitait tout près des parents de M. Lelair. Plusieurs fois, devant nous, en rappelant des souvenirs d'enfance qui lui étaient si chers, le vénérable prélat aimait à louer la maturité précoce et la sagesse de son condisciple un peu plus âgé, qu'on lui donnait alors comme un modèle à imiter.

III

Au mois d'octobre 1834, M. Lelair entra au séminaire du Mans pour y commencer son cours de philosophie. La section des élèves de philosophie avait été pendant plusieurs années complètement séparée des théologiens. Mais en 1832, au moment où le choléra menaça la ville du Mans, Mgr Caron avait mis à la disposition de l'administration municipale les bâtiments de Tessé pour y établir une ambulance. Les philosophes s'étaient transportés au séminaire Saint-Vincent, mais en restant cependant sous la conduite de leur supérieur, M. le chanoine Fillion.

Le supérieur du grand séminaire était M. l'abbé Heurtebise qui venait de succéder à Mgr Bouvier, nommé évêque du Mans. M. l'abbé Lelair fit ses études de philosophie et de théologie sous la direction de ces deux Messieurs, avec lesquels, mais surtout le dernier, il conserva toujours les relations les plus intimes.

Au mois d'octobre 1838 (1), ayant terminé ses études de théologie, il fut chargé du cours de mathématiques au collège de Tessé, que l'administration diocésaine venait de fonder, sous la direction de M. le chanoine Fillion. M. l'abbé

---

(1) M. l'abbé Lelair fut ordonné prêtre le 22 décembre 1838.

Lelair retrouva dans cette maison son ancien condisciple de Laval, Mgr Meignan. Le personnel du nouveau collège, entièrement ecclésiastique, offrait les plus sérieuses garanties de succès ; et M. Lelair contracta dans cette maison avec plusieurs de ses confrères une amitié qui ne se démentit jamais (1).

Malheureusement des changements trop fréquents dans la direction de la maison, des difficultés pécuniaires, la revendication par l'État de la propriété même de Tessé, et surtout le mauvais vouloir de l'Université, forcèrent Mgr Bouvier à transférer, en 1842, les élèves de Tessé à Château-Gontier, et à fondre ensemble la nouvelle institution avec le célèbre collège dirigé autrefois par M. l'abbé Horeau. M. l'abbé Lelair n'avait pas attendu ce dernier changement ; et après un séjour de deux années seulement au collège de Tessé, il avait demandé à entrer dans le ministère paroissial.

Le 5 juillet 1841, M. Lelair fut nommé second vicaire à Vallon. Il était envoyé dans cette paroisse pour venir en aide à un vénérable curé, M. l'abbé Pineau, alors âgé de 86 ans, qui administrait depuis le Concordat la paroisse de Vallon. M. Pineau en était le bienfaiteur insigne par sa double fondation d'une maison de Frères pour instruire les garçons et d'un établissement de sœurs appelées à faire l'école aux jeunes filles et à diriger un hospice dû aussi à sa charité. M. l'abbé Lelair eut la consolation, de concert avec M. l'abbé Paris, d'entourer de ses soins et de sa respectueuse affection le vénérable vieillard qui s'éteignit le 26 octobre 1842.

Après avoir continué comme vicaire d'exercer le saint ministère dans la paroisse de Vallon, M. Lelair fut nommé le 17 septembre 1846 vicaire à Saint-Nicolas de Craon ; et trois

---

(1) Parmi les professeurs de Tessé nous pouvons nommer M. Deschamps, vicaire général de Tours, Mgr Deustch, mort aumônier du Prytanée de La Flèche, M. Deslais, décédé curé-archiprêtre de La Couture, M. Gobil, doyen de Château-du-Loir, M. Livet, curé de N.-D. du Pré.

ans après, au mois d'octobre 1849, Mgr Bouvier l'appelait à remplacer, comme aumônier au collège du Mans, M. l'abbé Piédor, qui avait accepté la direction d'une maison d'éducation dans le diocèse d'Angers.

IV

Au moment où M. Lelair entrait au collège du Mans, qui devait être trois ans plus tard érigé en lycée, une réaction notable s'opérait en faveur des idées religieuses. M. Edom recteur de l'Académie de la Sarthe, était très pieux et favorisait tout ce qui pouvait développer la foi et les pratiques religieuses dans la jeunesse des écoles. M. Dieudonné, proviseur du nouveau lycée, était tout disposé à prêter son concours à l'aumônier, qui trouvait aussi un appui auprès de plusieurs professeurs sincèrement religieux (1). M. l'abbé Lelair n'eut donc pas, pendant les sept ans qu'il passa au lycée du Mans, à surmonter les difficultés qui trop souvent s'opposent au bien que voudraient faire les aumôniers dans ces maisons. Mais comme le dit si bien M. l'abbé Darboy, aumônier à peu près à la même époque du collège Henri IV à Paris, en parlant de ce qui empêche la religion d'asseoir et de maintenir sa paisible et honorable domination sur l'esprit des élèves : « A « vrai dire, il n'y a qu'un obstacle ; mais il se reproduit sous « des formes multiples : cet obstacle, c'est l'esprit de l'époque. « Parents, maîtres. règlements intérieurs, habitudes publi- « ques, tout en est imprégné ; comment les enfants pourraient- « ils s'y soustraire ? Cet esprit railleur, incroyant, sceptique, « dessèche et flétrit l'âme des enfants dès leur enfance, dès « leurs plus tendres années.... Pour guérir ces blessures pré-

(1) Nous sommes heureux de rappeler ici les noms de MM. Charpentier, Guéranger, Barranger, Allouis, etc.

« maturées... que peut un homme étranger après tout, repré-
« sentant une morale, douce dans la forme qu'elle revêt,
« mais gênante au fond ; un homme, objet de préventions
« intéressées et qu'on ne discute pas, afin de les garder plus
« longtemps? L'aumônier se ferait vainement une excellente
« méthode d'instruction religieuse, si l'organisation intérieure
« des collèges neutralise à peu près l'effet de sa parole, au
« lieu d'en accroître la salutaire influence. » (1)

Le ministère de M. l'abbé Lelair, au lycée du Mans, ne fut
pas sans fruit et plusieurs de ses anciens élèves lui témoignè-
rent plus tard combien ils savaient apprécier son dévouement.
Nous ne croyons pas cependant qu'il ait fait un grand sacri-
fice en changeant cette aumônerie contre la cure de Laigné-
en-Belin.

V

Le 8 août 1856 M. l'abbé Lelair fut nommé curé de Laigné-
en-Belin. Il remplaçait M. l'abbé Poirier, curé depuis 1829,
que l'âge et les infirmités obligeaient à se retirer.

La foi et les pratiques religieuses s'étaient conservées dans
cette paroisse qui offrait ainsi au zèle du nouveau curé un
champ tout préparé. Malheureusement l'église était en mauvais état et beaucoup trop petite pour une population de
1,300 habitants, auxquels elle n'offrait que 400 places. Aussi
voyons-nous, d'après une délibération de la fabrique en 1835,
que le chœur était tellement rempli d'hommes que la célébration convenable des offices y devenait presque impossible ; et
ce qui était plus grave encore, les fidèles se tenaient en grand
nombre debout aux portes de l'église pendant les offices, et
occasionnaient ainsi des désordres impossibles à prévenir.

(1) *Vie de Mgr Darboy*, par Mgr Foulon, page 76.

Pour parer à cet inconvénient la fabrique fit, à cette époque, bâtir au bas de l'église une tribune pouvant contenir 60 places.

Au moment où M. l'abbé Lelair prenait possession de la cure de Laigné, la situation s'était encore aggravée. L'église avait besoin d'urgentes réparations.

La fabrique avait environ 1,000 francs d'économies ; et ses ressources annuelles s'élevaient de 1,400 à 1,500 francs. Le conseil municipal ne pensait qu'à faire à l'église les réparations nécessaires.

Après s'être bien rendu compte de l'état des choses et de ce qu'il pouvait espérer de ses paroissiens, M. l'abbé Lelair entreprit davantage. Il ouvrit une souscription en 1859, et il fit préparer par M. Nourry architecte au Mans les plans de l'agrandissement de l'église par la construction d'un chœur. Le devis s'élevait à 44,000 francs : les souscriptions et les ressources de la fabrique atteignirent 32,000 francs. L'État, en ce moment très favorablement disposé, accorda un secours qui permit de commencer les travaux. Mgr Nanquette, évêque du Mans posa solennellement au mois de juin 1861, la première pierre du nouvel édifice.

Mener à bonne fin une pareille entreprise avait paru chose fort difficile : elle ne fut cependant que le prélude de son œuvre. Quand elle fut à peu près terminée, on reconnut qu'il était impossible de relier convenablement la nef ancienne avec le nouveau chœur, et qu'il fallait entreprendre la reconstruction totale de la nef et de la tour. M. l'abbé Lelair sut communiquer à ses paroissiens son énergie et son enthousiasme. Il rencontra d'admirables dévouements, parmi lesquels nous ne saurions oublier les généreuses offrandes de simples négociants, les frères Jean et Pierre Fouqueray, qui donnèrent 20,000 francs. Mais le mérite principal appartient sans aucun doute à M. l'abbé Lelair. « On ne peut compren« dre, nous écrit quelqu'un qui en fut le témoin, toutes les

« peines, toutes les tracasseries, toutes les humiliations que
« lui coûta cette œuvre ; sans doute il fut admirablement
« secondé, un peu par toute la paroisse, beaucoup par deux
« pieuses familles qui firent d'immenses sacrifices. Mais qu'il
« recueillit de déboires ! Que de nuits il passa sans sommeil !
« Sa grande vertu triompha de tout. »

La dépense de la reconstruction de l'église s'éleva à
108,400 fr. d'après un réglement de compte fait en 1868 ; et
dans ce chiffre, ne sont pas compris les vitraux donnés par
plusieurs généreux bienfaiteurs, les autels et leurs garnitu-
res, des statues en pierres sculptées, et beaucoup d'autres
dépenses accessoires pour le mobilier de l'église.

Le 2 octobre 1867 eut lieu la consécration solennelle de la
nouvelle église par Mgr Fillion, évêque du Mans, avec le
concours de Mgr Dufal, évêque de Delcon, vicaire apostolique
du Bengale, qui venait d'être élu supérieur général de la
Congrégation de Sainte-Croix en remplacement du R. P.
Moreau (1).

Cette entreprise, qui lui causa de si nombreuses sollicitudes,
ne lui fut pas moins à charge au point de vue pécuniaire.
Sans compter sa souscription personnelle, et le don qu'il fit des
vitraux de la chapelle de Saint-Joseph, M. Lelair eut à sup-
porter une foule de dépenses pendant tout le temps des travaux
de l'église. Son désintéressement aussi bien que sa charité
pour les pauvres étaient du reste bien connus. « Les pauvres
« avaient auprès de lui l'accueil le plus cordial : il compre-
« nait si bien la charité ! nous écrit un des prêtres qui l'ont
« le mieux connu. D'autres pourront dire, ajoute-t-il, que sur
« ce point il était imprudent. Il ne gardait rien, et il était le
« plus pauvre de sa paroisse. Souvent des familles dévouées

---

(1) Le R. P. Moreau assistait à la cérémonie. Il était né à Laigné et il avait
prêté un généreux concours à la reconstruction de l'église. Parmi les invités
se trouvait aussi M. le vicomte Malher, préfet de la Sarthe, qui avait secondé
de sa haute influence M. le curé de Laigné.

« furent obligées de faire les provisions du presbytère. Il
« acceptait cela avec la simplicité la plus humble. Mon Dieu,
« disait-il, que je suis panier percé!» Un autre prêtre nous
écrit aussi sur le même objet : « A Mamers comme à Laigné,
« son désintéressement était connu de tous. Il donnait sans
« compter, de sorte que l'on était parfois tenté de se deman-
« der si sa confiance n'allait pas jusqu'à la témérité. Toute-
« fois la Providence le servait si bien qu'il trouvait toujours
« moyen de donner. Mais aussi, comme il savait se contenter
« de peu pour lui-même ! Quelle simplicité dans son ameu-
« blement ! Quelle pauvreté dans sa garde-robe ! Bien des
« pauvres se seraient certainement refusé à porter des vête-
« ments qu'il s'ingéniait à faire durer malgré leur usure. »

M. l'abbé Lelair comprenait toute l'importance de l'œuvre
qu'il venait d'accomplir pour le bien même spirituel de sa
paroisse ; mais il savait aussi que ces soins matériels ne suffi-
sent pas, et qu'un curé doit surtout travailler à l'édification
spirituelle de ses paroissiens.

Nous devons louer tout d'abord les excellentes relations
qu'il eut toujours avec les prêtres qui lui furent donnés pour
auxiliaires. Tous ses vicaires vécurent avec lui dans l'union
la plus parfaite : tous ont conservé le plus affectueux souvenir de leur curé et s'estiment heureux d'avoir commencé leur
ministère sous sa pieuse direction. Cette bonne harmonie
était une grande édification pour tous les fidèles, soit de la
paroisse de Laigné-en-Belin, soit, plus tard, de la ville de
Mamers.

Très zélé pour l'instruction religieuse de ses paroissiens, il
donna une nouvelle vie au catéchisme de persévérance fondé
autrefois à Laigné, et il le transforma en association d'Enfants de Marie. Membre lui-même du Tiers-Ordre de Saint-
François, il encouragea et soutint le zèle des membres des
Tiers-Ordres de Saint-François et du Mont-Carmel par des
entretiens spirituels qui étaient fort goûtés. La paroisse de

Laigné devint sous sa direction une des plus pieuses du canton d'Écommoy.

Après avoir terminé les travaux de son église, qui lui avaient causé tant de soucis et de préoccupations, il sentit le besoin de se renouveler plus parfaitement dans l'esprit de la vocation sacerdotale et dans le désir de sa propre perfection, en faisant pendant trente jours complets les exercices de la retraite suivant la méthode de saint Ignace et sous la direction d'un père de la Compagnie de Jésus. Il se rendit pour cela à Angers, et il revint dans sa paroisse animé d'un plus vif désir de travailler à la gloire de Dieu.

VI

Plusieurs fois l'administration diocésaine avait songé à appeler M. l'abbé Lelair à un poste plus important : la nécessité de lui laisser terminer les travaux de Laigné avait empêché qu'on donnât suite à ce désir.

En 1873, les cures de Bonnétable et de Mamers devinrent vacantes en même temps. Mgr Fillion, après avoir d'abord pensé à confier à M. Lelair la cure de Bonnétable, se décida à le nommer curé-archiprêtre de Mamers.

Ce ne fut pas sans un vif regret que M. Lelair consentit à quitter Laigné où il avait pu faire le bien, et où les fidèles lui témoignaient un si vif attachement (1). Mais la volonté de Dieu se manifestait par l'appel de ses supérieurs, et la ville de Mamers offrait un vaste champ au zèle et au dévouement du nouvel archiprêtre, qui fut installé le 26 septembre 1873,

---

(1) M. l'abbé Lelair ne cessa de prendre le plus grand intérêt à tout ce qui regardait la paroisse de Laigné. Son successeur put toujours compter sur l'influence si légitime que son vénérable prédécesseur avait conservée auprès de ses paroissiens. Leur cordiale union fait le plus grand éloge de l'un et de l'autre.

et quelques mois après, le 1ᵉʳ janvier 1874, nommé chanoine honoraire de la cathédrale du Mans.

La ville de Mamers possède un collège dirigé par des ecclésiastiques, lesquels concurremment avec des Frères des Écoles Chrétiennes, donnent l'instruction à presque tous les jeunes gens de Mamers. Les jeunes filles reçoivent l'instruction des sœurs d'Évron, qui ont un pensionnat florissant, et d'institutrices laïques animées des meilleures intentions. Un monastère de religieuses Passionnistes, des sœurs de la Miséricorde pour le soin des malades à domicile, un orphelinat de jeunes filles et un asile pour les vieillards sont les précieux éléments sur lesquels pouvait s'appuyer le nouveau curé pour faire le bien.

Le presbytère avait été rebâti par les soins de M. Vayer, le vénérable archiprêtre qui venait de mourir, et des travaux très importants avaient été faits à l'église paroissiale.

M. l'abbé Lelair eut donc surtout à consolider et à étendre le bien déjà réalisé par son prédécesseur. On sut apprécier le zèle avec lequel il remplissait toutes les fonctions du saint ministère : prédications, confessions, soin des malades. Comme à Laigné, on admira le désintéressement avec lequel il prodiguait ses modestes ressources, soit pour soulager les pauvres, soit pour fonder et entretenir des œuvres de propagande religieuse.

Nous voyons dans les Actes des apôtres que des différends surgirent même entre les premiers disciples de Notre-Seigneur. Devons-nous nous étonner si quelques difficultés, sur les moyens les plus efficaces de procurer le bien, s'élèvent quelquefois entre les personnes animées des intentions les plus pures ? C'est ce qui eût lieu à Mamers, sans que personne songeât à contester la vertu et le dévouement du nouveau curé.

VII

M. l'abbé Lelair resta du reste trop peu de temps à Mamers pour qu'on put juger du bien qu'il était appelé à faire dans cette importante paroisse.

Au mois d'août 1878, cédant aux instances de Mgr d'Outremont, il donna sa démission, et il prit une retraite provisoire au grand séminaire du Mans.

Mgr d'Outremont le nomma immédiatement vicaire général honoraire et recourut souvent à son dévouement pour le bien du diocèse.

Au mois de mars 1879, M. l'abbé Lelair fut nommé administrateur de la paroisse importante d'Auvers-le-Hamon après la mort de M. l'abbé Riousse. Il y resta jusqu'au mois d'octobre 1879 que M. l'abbé Cherreau, sous-supérieur du petit séminaire de Précigné, fut pourvu de cette cure.

Un peu plus tard, au commencement de l'année 1880, M. l'abbé Lelair fut chargé de rétablir l'ordre dans l'administration spirituelle et temporelle de la paroisse de Chauffour, après le départ du curé qui quittait le diocèse. Enfin, en 1882, M. l'abbé Boulangé, aumônier de la Visitation au Mans, se trouvant dans l'impossibilité de continuer ses fonctions, M. Lelair voulut bien le suppléer pendant près d'une année. Il laissa l'aumônier malade jouir jusqu'à sa mort des avantages de son habitation située près de la Visitation, et il se résigna à venir de fort loin, plusieurs fois par jour, pour remplir les fonctions de son ministère auprès des religieuses.

L'un des vicaires généraux de Mgr d'Outremont, M. l'abbé Panhéleux, en même temps supérieur du grand séminaire, ne pouvait, à cause de ces dernières fonctions, et surtout en raison de sa mauvaise santé, accompagner le prélat dans

les visites pastorales. M. l'abbé Lelair le suppléa, et partagea
cette charge, concurremment avec M. l'abbé Chevereau pre-
mier vicaire général.

Aussi quand ce dernier vint à mourir, au mois de mai 1880,
Mgr d'Outremont songea naturellement à lui donner pour
successeur M. l'abbé Lelair. La proposition fut faite officielle-
ment au gouvernement, lequel souleva des difficultés. Dans
l'intervalle, au moment de la retraite ecclésiastique, l'annonce
de la nomination du nouveau vicaire général s'était répandue
dans le clergé, à la grande joie des nombreux amis de
M. l'abbé Lelair, mais non sans lui donner une situation un
peu fausse. Pendant longtemps Mgr d'Outremont persista
dans cette nomination, et il ne présenta un nouveau titulaire
pour vicaire général qu'au mois de mai 1884, six mois
seulement avant son décès.

A son arrivée dans le diocèse du Mans, au mois de
juin 1885, Mgr Labouré appela M. l'abbé Lelair à faire
partie du conseil épiscopal. Dans l'impossibilité où il se
trouvait, par suite de la suppression par l'État du traite-
ment des chanoines, de le pourvoir d'un canonicat vacant,
il lui donna, quelques mois plus tard, l'aumônerie des
religieuses du Carmel, et il lui confia la direction spirituelle
des Sœurs Marianites et des Sœurs de S. Charles. C'est dans
ces modestes fonctions que M. Lelair devait achever sa car-
rière si bien remplie.

En 1888, M. l'abbé Lelair réunit quelques-uns de ses plus
intimes amis et presque tous ses anciens vicaires pour célébrer avec eux le cinquantième anniversaire de son ordination
à la prêtrise. Sa santé encore très bonne se maintint jusque
vers le mois d'octobre dernier. A ce moment une première
attaque de paralysie lui rendit d'abord la marche très difficile : il lui devint bientôt impossible de se rendre à la chapelle du Carmel pour célébrer la sainte messe. Peu à peu
son état s'aggrava et la paralysie lui enleva presque entière-

ment l'usage de l'ouïe et de la vue, tout en lui laissant la jouissance de ses autres facultés. Après plusieurs semaines de maladie patiemment supportée, il s'est endormi dans la paix du Seigneur, muni des sacrements de l'Église, le mercredi 20 novembre 1889, ayant l'honneur de mourir pauvre comme il avait toujours vécu.

Suivant son désir et le vœu manifesté par le curé et par les habitants de Laigné-en-Belin, on décida que sa sépulture se ferait dans cette dernière paroisse,

Le vendredi 22 novembre, après la levée du corps, la messe fut chantée à huit heures dans la chapelle des religieuses Carmélites par M. l'archiprêtre de N.-D. de la Couture. Monseigneur l'Évêque du Mans, assisté de MM. les vicaires généraux, de plusieurs chanoines et du clergé, fit l'absoute solennelle. Immédiatement après, le corps du vénérable défunt fut transporté à Laigné-en-Belin, où la sépulture s'est faite sous la présidence de M. Coupris, vicaire général, délégué par Monseigneur, au milieu du concours d'un nombreux clergé et des fidèles de la paroisse empressés de rendre un dernier hommage au prêtre dont le nom restera parmi eux en vénération.

9 782329 275529